CATALOGUE

Des Livres du fonds de CHAR.
J ------- *Pere, Libraire du Roi pour l'Artillerie*
& le Génie, rue Dauphine, proche le Pont-Neuf,
à l'Image Notre-Dame, à Paris, 1771.

AVIS DU LIBRAIRE.

M. comme le renchériffement des papiers & des reliûres
m'oblige d'augmenter en conféquence le prix de plufieurs
de mes Livres, vous êtes prié de n'avoir plus aucun égard au
prix des Catalogues précédens, & de vous régler dorefnavant
fur le prix marqué fur celui-ci.

LIVRES SUR L'ARCHITECTURE.

ARCHITECTURE Françoife, ou Defcription des Maifons
Royales & des plus beaux Edifices de Paris, avec des Dif-
fertations hiftoriques & critiques fur chacun de ces monumens. Par M. Blondel, de l'Académie d'Architecture,
en quatre vol. *in-fol.* enrichis de 600 planches.
Ces quatre volumes, tirés fur le grand raifin, fe vendent
chacun 75 livres : tirés fur le nom de Jefus, ils fe vendent
100 liv. chacun. Le tome cinquieme contiendra la fuite de
Verfailles, Marly, Trianon, Choify, Fontainebleau, &c.
& les autres Maifons de plaifance, comme Saint-Cloud,
Sceaux, Chantilly, &c.
On vend féparément toutes les Planches de ce Recueil, par
fuites de Maifons & d'Hôtels, dont on trouve un Catalo-
gue détaillé chez le même Libraire.
Les Délices de Paris & de fes environs, ou Recueil de Vues
perfpectives des anciens monumens de Paris, & des
Maifons de plaifance fituées aux environs de cette ville ;
en 210 planches deffinées & gravées par Perelle, *in-fol.*
grand papier,   50 liv.
Les Délices de Verfailles & des Maifons royales, ou Recueil
de Vues perfpectives des plus beaux endroits des Châteaux,
parcs, jardins, fontaines & bofquets de Verfailles, la Mé-

A

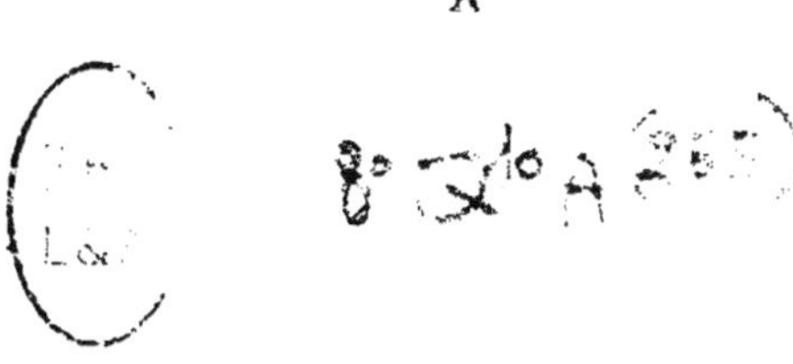

nagerie, Trianon, Marly, Meudon, Saint-Cloud, Fontainebleau, Chantilly, Sceaux, Maifons, &c. *in-fol.* grand papier, avec 220 planches, 1765,   50 liv.

Architecture moderne, ou l'art de bien bâtir pour toutes fortes de perfonnes; où il eft traité de la conftruction, des . . . , du toifé, des Us & coutumes, & de la diftribution: nouvelle édition totalement changée & augmentée, par Ch. Ant. Jombert, en deux v. *in-4°.* grand papier, enrichis de plus de 150 planches, 1764, 42 liv.

Suite du même Ouvrage. De la décoration extérieure & intérieure des Edifices modernes, & de la diftribution des maifons de plaifance. Par J. Fr. Blondel, Architecte du Roi. 2 vol. *in-4°.* gr. pap. avec 150 planches,   42 liv.

Deux difcours fur la néceffité de l'étude de l'Architecture, & fur la maniere de l'étudier. Par M. Blondel, *in-12*, nouv. édit. augmenté, 1771, broché.   1 liv. 16 f.

Cours d'Architecture, qui comprend les Ordres de Vignole, avec un commentaire, & des inftructions & préceptes fur ce qui regarde l'art de bâtir. Nouvelle édition enrichie de quantité d'exemples & de defleins de toutes les parties de l'Architecture. Par Auguftin-Charles d'Aviler, *in-4°.* grand papier, avec 165 planches,   25 liv.

Suite. Dictionnaire d'Architecture Civile & Hydraulique, où l'on explique les termes de l'art de bâtir & de fes différentes parties, comme la décoration extérieure & intérieure des Edifices, le Jardinage, la Menuiferie, la Charpenterie, la Serrurerie, la conftruction des Eclufes & des Canaux, &c, par le même, *in-4°.* grand papier,   16 liv.

Architecture pratique, par Bullet, *in-8°.* dern. édition, augmentée confidérablement, 1768.

Regles des cinq Ordres d'Architecture. Par Jacques Barrozzio de Vignole. Brochure *in-fol.* en 30 planches,   3 liv.

Le même ouvrage *in-12.* relié en parchemin,   2 liv. 8 f.

Bibliotheque portative d'Architecture élémentaire, à l'ufage des Artiftes, par Ch. Ant. Jombert, contenant les traités fuivans, qui fe vendent féparément, favoir:

1° Regles des cinq Ordres d'Architecture, par *Jacques Barrozzio de Vignole*, augmentées de plufieurs remarques & d'éclairciffemens, avec 67 planc. *in-8°.* gr. pap. 7 l. 10 f.

2°. Architecture de *Palladio*, où il eft traité des cinq Ordres, de la maniere de bien bâtir, & de la conftruction des chemins & des ponts, *in-8°.* gr. pap. avec 75 planc. 7 liv. 10 f.

3° Œuvres d'Architecture de *Vincent Scamozzi*, contenant les cinq Ordres fuivant cet Auteur, & plufieurs bâtimens de fon invention, *in 8°.* gr. pap. avec 82 planc. 7 liv. 10 f.

4°. Parallele des principaux Auteurs qui ont écrit sur l'Architecture, par M. *de Chambray*. On y a joint les piédeftaux pour chaque Ordre, & les proportions des cinq Ordres fuivant MM. Perrault & Errard, *in-8°*. grand papier, avec 63 planches,   7 liv- 10 f.

Parallele de l'Architecture antique avec la moderne, fuivant les dix principaux Auteurs qui ont écrit fur les cinq Ordres, par M. de Chambray, avec le difcours gravé, augmenté des piédeftaux pour chaque Ordre. *In-folio*, en 100 planches,   12 liv.

Traité des cinq Ordres d'Architecture, divifé en quatre parties, par M. *Potain*, Architecte du Roi. *première partie, qui contient* les proportions des cinq Ordres. *In-4°*. grand papier, avec 60 planches, 1768,   16 liv.

Maniere de bien bâtir pour toutes fortes de perfonnes, par M. Le Muet, *in-fol*. en 100 planches,   18 liv.

Maniere de deffiner les cinq Ordres d'Architecture & les parties qui en dépendent, fuivant l'antique, par Abr. Boffe, *in-fol*. en plus de 100 planches,   24 liv.

La pratique du trait à preuves, de M. Defargues, pour la coupe des pierres en l'architecture, Par Abr. Boffe, *in-8°*. avec 117 planches, *broché*,   6 liv.

Nouveau Traité de la coupe des pierres, par M. de la Rue, Architecte du Roi. *in-fol*. grand papier, avec plus de 100 planches,   45 liv.

Traité de Stéréotomie, ou la Théorie & la Pratique de la coupe des pierres & des bois, à l'ufage de la maçonnerie, de la menuiferie & de la charpenterie. Par M. Frezier, Ingénieur en chef à Landau. En trois volumes *in-4°*. avec 111 planches, nouv. édit. corrigée avec foin & augmentée, 1769,   45 liv.

Elémens de *Stéréotomie*, à l'ufage de l'Architecture, ou Abrégé de la théorie & de la pratique de la coupe des pierres. Par le même Auteur, en deux volumes *in-8°*. avec 12 planches,   12 liv.

Differtation critique fur les Ordres d'Architecture, par M. *Frezier*. Nouvelle édition augmentée de notes, 1769, *broché*,   4 liv. 10 f. en gr. pap. & 3 l. 10 f, en pap. ord.

La Théorie & la Pratique du Jardinage, où l'on traite à fond des Jardins de plaifance & de propreté, avec un Traité d'hydraulique convenable aux Jardins. Nouvelle édition augmentée, avec 49 planches, *in-4°*.   16 liv.

Traité phyfique de la culture & de la plantation des arbres, avec la maniere de les exploiter, de les débiter & de les échantillonner fuivant les différens ufages auxquels ils font propres. Par M. Roux , *in-12.*   3 liv.

L'Art de décorer les jardins modernes en Angleterre , ouvrage traduit de l'Anglois , *in 8°.* fig.   6 liv.

L'art de la Charpenterie de Mathurin Jouffe. Nouvelle édition, corrigée & augmentée de ce qu'il y a de plus curieux
dans cet art , & des machines néceffaires à un Charpentier.
Par M. de la Hire, *in-folio*,   15 liv.

Traité de Charpenterie & des bois de toutes efpeces ; avec un
tarif géneral des bois de toutes fortes de longueurs & groffeurs, & un Dictionnaire des termes de charpenterie. Par
M. Mefange. En deux vol. *in-8°.* avec 23 planch. 14 liv.

Traité de la coupe des bois pour le revètement des voûtes ,
arriere-vouffures, trompes, rampes, & tours rondes. Par
le fieur Blanchard, grand *in-4°.* avec 46 planches.

Tarif géneral du toifé des bois de charpente quarrés & méplats. Par M. Ginet , *in-8°.* 1760.

Nouveau Tarif du toifé de la maçonnerie , tant fuperficiel
que folide , où l'on trouve les calculs tout faits fans mettre
la main à la plume : avec le toifé des bâtimens, fuivant la
coutume de Paris, & le toifé du bout-avant. Par M. Mefange , *n-8°* 1746 ,   7 liv.

Détails des Ouvrages de Menuiferie pour les bâtimens, où
l'on trouve les prix de chaque efpece d'ouvrage, avec
les tarifs néceffaires pour le calcul de leur toifé. Par M.
Potain pere , *in-8°.* 1749 ,   6 liv.

La Méchanique du feu , ou Traité de la conftruction de nouvelles cheminées qui échauffent davantage & font moins
fujettes à la fumée. Par M. Gauger, *in-12.* avec 12 pl. 3 liv.

Le *Petit Marot* , ou Recueil de morceaux d'Architecture deffinés & gravés par JEAN MAROT , contenant les plans &
élevations de divers anciens édifices de Paris, plufieurs petits Temples, dans le goût antique, de fa compofition ; l'ancienne fépulture des Valois à S. Denis, & diverfes fuites
de tombeaux, épitaphes, chapelles, retables d'Autels, tabernacles, portes cocheres, & autres, *in-4°.* grand pap.
en 222 planches, 1764 ,   18 liv.

Œuvres d'Architecture de Jean le Pautre , contenant des
deffeins d'ornemens de toute efpece fuivant l'Antique, &
divers exemples des différentes parties de l'Architecture qui
font fufceptibles de décoration. En trois volumes *in-fol.*
petit format, contenant 782 planches,   90 liv.

Suite. Repertoire des Artiftes , ou Recueil de différentes compofitions d'Architecture & d'ornemens antiques & modernes de toute efpece qui ont rapport aux Arts ; par *Marot,*
Loir , le Pautre , Androuet du Cerceau , Cottart , Pierretz,

Cotelle, *le Roux, Berain, &c.* deux vol. *in-fol.* petit format, contenant 686 planches, 1764, 54 liv.

Plans, Elévations & Profils du Temple & des Palais de Salomon. Par M. Mallet, Conful à Smyrne ; en 22 planches, avec des figures de Seb. le Clerc, 6 liv.

Recherches fur la conftruction la plus avantageufe des Digues, Ouvrage qui a remporté le prix quadruple de l'Académie des Sciences de Touloufe, par MM. Boffut & Vialet, *in-4°.* avec 7 grandes planches, *broché,* 5 liv.

Théorie des Fleuves, avec l'art de bâtir dans leurs eaux & de prévenir leurs ravages, traduit de l'Allemand, *in-4°.* grand papier, avec 13 planches, *broché,* 6 liv.

Ouvrages de feu M. BELIDOR, *Colonel d'Infanterie, des Académies des Sciences de France, d'Angleterre & de Pruffe, &c.*

Nouveau Cours de Mathématique à l'ufage de l'Artillerie & du Génie, où l'on applique les parties les plus utiles de cette Science à la théorie & à la pratique des différens fujets qui peuvent avoir rapport à la guerre, *in-4°.* nouvelle édition, avec 34 planches, 15 liv.

Le même Ouvrage, en grand papier, fe vend 24 liv.

La Science des Ingénieurs dans la conduite des travaux de fortification & d'architecture civile, *in-4°.* grand papier, avec plus de 50 planches, 25 liv.

Architecture Hydraulique. *Premiere Partie.* Qui contient l'art de conduire, d'élever & de ménager les eaux pour les différens befoins de la vie. En deux volumes *in-4°.* grand papier, avec 100 planches, 48 liv.

Architecture Hydraulique. *Seconde Partie.* Qui comprend l'art de diriger les eaux de la mer & des rivieres à l'avantage de la défenfe des places, du commerce & de l'agriculture. En deux volumes *in-4°.* grand papier, enrichis de 120 planches, 52 liv.

Œuvres diverfes de M. Belidor, concernant le Génie & l'Artillerie, *in-8°.* avec 7 planches, 1764, 6 liv.

Dictionnaire portatif de l'Ingénieur & de l'Artilleur, compofé originairement par M. *Belidor,* nouv. édit. refondue & augmentée du quadruple par *Ch. Ant. Jombert, in-8°.* 1768, 9 liv.

Ouvrages de feu M. *l'Abbé* DEIDIER, *Profeffeur de Mathématiques aux Ecoles d'Artillerie de la Fere.*

La Mefure des Surfaces & des Solides par la connoiffance des centres de gravité, & par l'Arithmétique des infinis, *in 4°.* avec 17 planches, 15 liv.

Le Calcul différentiel & le Calcul intégral , expliqués & appliqués à la Géométrie, *in-*4°. avec 26 planches,   1 5 liv.

La Méchanique générale , pour servir d'introduction aux sciences physico-mathématiques: qui renferme la statique, le jet des bombes, l'hydrostatique, l'airométrie, & l'hydraulique , *in-*4°. avec 29 planches,   1 5 liv.

Le Parfait Ingénieur François , ou la Fortification développée suivant les systêmes de M. de Vauban , & des autres Auteurs qui ont écrit sur cette science , avec l'attaque & la défense des Places. Nouvelle édition , augmentée du siege de Namur , en 1691 , & du siege de Lille , en 1708 , *in-*4°. enrichi de 50 planches,   1 5 liv.

Lettres d'un Mathématicien à un Abbé , où l'on prouve que la matiere n'est pas divisible à l'infini, *in-*12.   3 liv.

Lettre de M. de Mairan à Madame du Chatelet. Avec sa Dissertation sur les forces motrices des corps,& la nouvelle réfutation des forces vives,par M. l'Abbé Deidier, *in-*12. 3 l.

Traité de Perspective théorique & pratique , tiré des Élémens généraux des Mathématiques de M. *Deidier*, *in-quarto*. avec 15 pl. Nouv. édit. augm. de notes, broché. 6 liv.

N. B. *Tous les ouvrages de M.* Ozanam *sont passés entre les mains de* Claude-Antoine Jombert, *fils , Libraire , rue Dauphine , auquel il faudra s'adresser dorésnavant.*

Ouvrages de M. le Blond, *Maître de Mathématique des Enfans de France , & Professeur de Mathématique des Pages du Roi.*

L'Arithmétique & la Géométrie de l'Officier ; contenant la théorie & la pratique de ces deux sciences appliquées aux emplois de l'homme de guerre. En deux volumes *in-*8°. enrichis de 45 planches. Nouv. édit. corrigée & augmentée, 1767 ,   1 5 liv.

Abrégé de l'Arithmétique & de la Géométrie de l'Officier , *in-*12. avec 19 planches. Nouv. édit. 1767 ,   3 liv. 10 f.

Élémens d'algebre ou du calcul littéral , avec un précis de la méthode analytique appliquée à la résolution des équations du premier & du second degré. Ouvrage pour servir de suite à la Géométrie de l'Officier , *in-*8°. 1768 ,   7 liv.

Élémens de Fortification,contenant la construction raisonnée de tous les ouvrages de la fortification ; les systêmes des plus célebres Ingénieurs ; la fortification irréguliere. Cinquieme édition , augmentée de l'explication détaillée de la fortification de M. de Coëhorn ; de la construction des redoutes , forts de campagne , &c. & d'un Plan des différentes instructions propres à une Ecole Militaire , *in-*8°.

avec 37 planches, 1764 ,   7 liv. 10 ſ.

Abrégé des Elémens de Fortification, en un volume *in-12.* avec 19 planches, 6ᵉ édit. 1766 ,   3 liv. 10 ſ.

Élémens de la guerre des ſieges, nouv. édition, augmentée du double, enrichie de plus de 50 Planches, & d'une Table des matieres fort ample à la fin de chaque Volume. En trois Volumes *in-8°.* 1762 ,   21 liv.

Chaque Volume ſe vend ſéparément : Savoir :

Artillerie raiſonnée, contenant la deſcription & l'uſage des différentes bouches à feu ; avec les principaux moyens qu'on a employés pour les perfectionner. La théorie & la pratique des Mines, & du jet des Bombes ; & l'eſſentiel de tout ce que l'Artillerie a de plus intéreſſant depuis l'invention de la poudre à canon, *in-8°.* avec 30 planches,   7 liv.

Traité de l'Attaque des Places, ſelon la Méthode de M. de Vauban, *in-8°.* avec 18 planches,   7 liv.

Traité de la Défenſe des Places, avec un précis d'obſervations les plus utiles pour procéder à la viſite ou à l'examen des Villes fortifiées ; un Abrégé des principes généraux qui peuvent ſervir à l'établiſſement des quartiers d'hiver ; &c. & un Dictionnaire des termes, *in-8°.* avec 5 pl. 7 liv.

Elémens de Tactique, où l'on traite de l'arrangement & de la formation des troupes, des évolutions de l'Infanterie & de la Cavalerie, des principaux ordres de bataille, de la marche des armées, & de la Caſtramétation, *in-4°.* avec 40 planches, 1758.   15 liv.

Eſſai ſur la Caſtramétation, ou ſur la maniere de former, de tracer, & de meſurer un camp, *in-8°.* Fig.   7 liv.

ART MILITAIRE.

Art de la Guerre, par principes & par regles ; ouvrage de M. le Maréchal de Puyſegur, mis au jour par M. le Marquis de Puyſegur ſon fils, Maréchal des Camps & Armées du Roi, *in-fol.* orné de vignettes, fleurons, & de 41 planch. 1748. Il ſe vend relié en un volume ,   60 liv.

—— Le même Ouvrage. Nouvelle édition. En deux volumes *in-4°.* avec 51 planches, 1749.   30 liv.

—— Extrait du même ouvrage, *in-12.* broché,   1 l. 4 ſ.

L'Art de la Guerre-pratique, où il eſt traité de tout ce qu'un Militaire doit ſavoir & pratiquer ſur chaque partie de la guerre : le tout confirmé par des exemples tirés de l'hiſtoire & de la vie des grands Capitaines, anciens & modernes. Par M. de Saint-Geniés, 2 vol. *in-12,*   6 liv.

Mémoires Militaires ſur les Grecs & les Romains, où l'on a fidelement rétabli, ſur le texte de Polybe & des Tacti-

ciens Grecs & Latins, la plûpart des ordres de Bataille, &
des grandes opérations de la guerre des Anciens. Par M.
Guifchardt. Enrichis de figures & de cartes: deux volumes
in-4°. reliés en un. *Amfterdam*, 1758.　　　　18 liv.
——Le même Ouvrage en 2 vol. *in*-8°. Lyon,　　　12 liv.
Recherches d'antiquités militaires, avec la défenfe du Che-
valier de Folard, contre les allégations inférées dans les
Mémoires militaires de M. Guifchardt fur les Grecs & les
Romains. Par M. de Lo-Looz, Chevalier de l'Ordre militaire de Saint Louis. *In*-4°. avec figures,　　　12 liv.
Les Militaires au delà du Gange, par M. de Lo-Looz, en
deux vol. *in* 8°.　　　　　　　　　　　　　　12 liv.
Mémoires de M. le Marquis de Feuquière, lieutenant général
des armées du Roi, contenant fes maximes fur la guerre &
l'application des maximes aux exemples. Nouvelle édition.
En quatre volumes *in*-12. avec 12 planches.　　　12 liv.
Effai fur la Cavalerie, tant ancienne que moderne, avec les
inftructions & les nouvelles ordonnances qui y ont rapport; les exercices & les évolutions de la cavalerie; leur
utilité & leur emploi dans les batailles & dans les fieges;
l'état actuel des Troupes à cheval, en France, &c. par
M d· Hauteville, *in*-4°. 1756.　　　　　　　　15 liv.
Détails Militaires, par M. de Chenevieres, en 4 vol. *in*-12.
　　　　　　　　　　　　　　　　　　　　　　16 liv.
——Idem, *Suite*. Tomes 5 & 6, *in*-12.　　　　　8 liv.
Politique militaire, ou Traité de la guerre, par M. Paul Hay
du Châtelet. Nouvelle édition, *in*-12. 1757.　2 liv. 10 f.
La Milice des Grecs, ou la Tactique d'Elien, ouvrage traduit
du grec, avec des notes & des figures, auquel on a joint
un Difcours fur la Phalange & fur la Milice des Grecs en
général, & une Differtation fur le Coin des Anciens. Par
M. Bouchaud de Buffy. En deux petits volumes *in*-12.
avec figures, 1757.　　　　　　　　　　　　　5 liv.
Mémoires fur la Guerre, tirés des Originaux de M. de Turenne, avec plufieurs Mémoires concernant les Hôpitaux
militaires, deux volumes *in*-12, reliés en un.
Mémoires des deux dernieres Campagnes du Maréchal de
Turenne, en Allemagne, & de ce qui s'eft paffé depuis
fa mort, fous le commandement du Comte de Lorge.
Nouvelle édition revue & corrigée. *in*-12.　　　2 liv 10 f.
Hiftoire de la Milice Françoife, par le P. Daniel, en 2 vol.
in-4°. avec figures.
Effai fur la Tactique de l'Infanterie, *in*-4°. deux vol. reliés
en un, avec 18 planches.　　　　　　　　　　　18 liv.
Efprit de Tactique de M. le Maréchal de Saxe, *in*-4°. 2 vol.
reliés en un, avec beaucoup de figures.　　　　18 liv.

Élémens de Tactique , &c. *Voyez* page 7.

Nouveau projet d'un Ordre François en Tactique , avec la suite du nouveau projet de tactique , par M. Menil-Durand , *in*-4°. avec figures.   15 liv.

Mémoires sur la Guerre , par le Maréchal de Saxe , *in*-8°. *Dresde*.

Mémoires Militaires du Comte de Forbin , en 2 vol. *in*-12.   6 liv.

Fonctions des Généraux d'Armée , par le Chevalier de Saint-Julien , *in*-8°. broché.   4 liv.

Réflexions Politiques & Militaires , de M. le Marquis de Santa-Cruz , en 12 vol. *in*-12. *Amsterdam*.

Pensées sur la Tactique & sur quelques autres parties de la guerre , par M. le Marquis de Silva , *in*-8°. avec 12 planches , 1768 ,   7 liv.

Le Parfait Capitaine , ou Abrégé des Guerres des commentaires de César , *in*-12.   3 liv.

Commentaire sur la retraite des dix mille de Xenophon , ou Nouveau Traité de la Guerre , par M. le Cointe , en 2 vol. *in*-12.   6 liv.

Annibal & Scipion , ou les grands Capitaines, avec les ordres & plans de batailles , *in*-8. *Amsterdam* , 1768 , broché.

L'Art de la Guerre , par M. de Quincy , en 2 vol. *in*-12. *sous presse.*

Histoire de Polybe , avec un Commentaire ou un corps de science militaire , enrichi de notes historiques & critiques. Par M. de Folard. En 7 vol. *in*-4°. avec fig.   96 liv.

Abrégé du même ouvrage , en trois volumes *in*-4°. fig. 45 liv.

L'Esprit du Chevalier Folard , *in*-8°. Fig. Amsterdam.

Relation du fameux Siege de Grave , en 1674 , & du Siege de Mayence en 1689 , avec le plan de ces deux villes , *in*-12.   3 liv.

Journal du siege de Berg-op-zoom. *In*-8°. avec figures, nouvelle édition , broché ,   3 liv. 12 f.

Histoire Militaire du Regne de Louis XIV , par M. le Marquis de Quincy , en 8 vol. *in*-4°. avec figures , gr. pap.

Mémoires Historiques & Militaires de Messire de Chastenet, Seigneur de Puysegur , sous les regnes de Louis XIII & de Louis XIV , &c. avec des instructions militaires. En deux volumes *in*-12. 1748.   6 liv.

Mémoires d'Artillerie de M. Surirey de Saint-Remi. Nouvelle édition beaucoup plus ample que toutes les précédentes ; avec une table des matieres par ordre alphabétique. En 3 vol. *in*-4°. accompagnés de plus de 200 pl. 1745. 45 liv.

Théorie nouvelle sur le méchanisme de l'artillerie. Par M.

Dulacq, Officier d'Artillerie du Roi de Sardaigne, *in-4°.* avec 40 planches,   15 liv.

Essai de l'application des forces centrales aux effets de la poudre à canon. Par M. Bigot de Morogues, Officier d'Artillerie; *in-8°.* se vend broché 2 liv. & relié,   3 liv.

La Forge de Vulcain, par le Chevalier de Saint-Julien, *in-8°. Amsterdam,* broché.   4 liv.

Nouveau Traité sur les Feux d'artifice ; par M. Frézier. Nouvelle édition, totalement changée & augmentée du double, *in-8°.* avec 14 planches, 1747.   6 liv.

* Le même ouvrage en un vol. *in-4°.*   18 liv.

Manuel de l'Artificier, où l'on donne la préparation & les compositions de toutes les pieces qui entrent dans l'ordonnance d'un feu d'artifice, avec la maniere de faire les Feux Chinois, suivant le P. d'Incarville, & les Feux Italiens selon la méthode des sieurs Ruggieri, *in-12.* avec 12 pl. 3 l.

L'Ingénieur de Campagne, ou Traité de la Fortification passagere. Par M. le Chevalier de Clairac, Brigadier des Armées du Roi, Ingénieur en chef à Bergues, *in-4°.* enrichi de 36 planches. Seconde édition, 1757.   15 liv.

Le Parfait Ingénieur François *Voyez* ci-devant, page 6.

L'Ingénieur françois, contenant la Géometrie pratique, & la fortification réguliere & irréguliere. Par M. Naudin, Ingénieur du Roi, *in-8°.* avec figures.

De l'attaque des Places. Par M. le Maréchal de Vauban. Avec un Traité pratique des mines, par le même, & un traité sur la guerre en général, par un Officier de distinction. En deux volumes, grand *in-4°.*   36 liv.

——Le même Ouvrage. En deux volumes *in-8°.* Nouv. édit. corrigée & augmentée. *La Haye.* Avec 41 plan.   12 liv.

Le Traité pratique des mines, &c. en un vol. *in-8°.* se vend séparément,   5 liv.

Traité de la défense des Places, ouvrage original de M. de Vauban, qui n'a jamais été imprimé. Avec une table des matieres très-ample, *in-8°.* avec 9 planches, 1770. 8 liv.

Traité des mines & des contremines, relativement à l'attaque & à la défense des places, par M. Prudhomme, *in-8°.* avec figures.   6 liv.

Nouvelle Fortification, par le Baron de Cochorn ; *in-8°. Amsterdam,*   7 liv.

Manière de fortifier, de M. de Vauban, par M. Du Fay ; en 2 vol. *in-8°.* reliés en un. *Lyon.*

Mémoires sur l'attaque & la défense d'une Place, par M. Goulon. Nouvelle édition augmentée, *in-8°.* avec 9 pl. *Amsterdam,* 1764.   6 liv.

[11]

Traité de la défenfe des Places par les contremines . avec
des réflexions fur les principes de l'Artillerie , *in-8°.* avec
5 planches , 1768 , broché ,   5 liv.

Ouvrages de M. BEZOUT , *de l'Acad. Royale des Sciences.*

Cours de Mathématique à l'ufage des Gardes du Pavillon &
de la Marine , en 6 vol. *in 8.* avec fig. reliés. 31 liv. 10 f.
Ces fix volumes fe vendent féparément.

Cours de Mathématique à l'ufage du Corps Royal de l'Artillerie , contenant l'Arithmétique , la Géométrie , l'Algebre , l'application de l'algebre à la Géometrie , 2 vol. *in-8.*
grand papier , reliés , 16 liv. *La fuite eft fous preffe.*

Ouvrages du R. P. LAMY , *de l'Oratoire.*

Les Elémens de Géométrie , ou de la mefure de l'étendue ,
qui comprennent les Elémens d'Euclide , les plus belles
propofitions d'Archimede touchant le cercle , la fphere ,
le cylindre & le cône. Septieme édition , augmentée ,
in-12. 1758 ,   3 liv.
Elémens de Mathématique , ou Traité de la grandeur en général , contenant l'arithmétique , l'algebre , l'analyfe , &c.
in-12.   3 liv.
La Rhétorique , ou l'Art de parler , *in-12.* Nouv. édit. 3 liv.
Entretiens fur les fciences , *in-12. Lyon.*

Ouvrages de M. BOUGUER , *de l'Académie Royale*
des Sciences.

La Figure de la Terre , déterminée par les obfervations de
MM. Bouguer & de la Condamine , envoyés par ordre du
Roi fous l'équateur ; avec une Relation du voyage fait au
Pérou , & la defcription de ce pays ; ouvrage pour fervir
de fuite aux Mémoires de l'Académie de l'année 1745 , *in-*
4°. avec 8 planches ,   15 liv.
Traité du Navire , de fa conftruction & de fes mouvemens ,
in-4°. avec 12 planches ,   15 liv.
Méthode d'obferver exactement fur mer la hauteur des aftres ,
piece qui a remporté le prix en 1729 ,   2 liv. 5 f.
De la maniere d'obferver en mer la déclinaifon de la bouffole ,
piece qui a remporté le prix en 1731 ,   2 liv. 5 f.
Entretiens fur la caufe de l'inclinaifon des orbites des planetes, Nouv. édit. augm. *in-4°.* broché ,   4 liv. 10 f.
Effai d'Optique fur la gradation de la lumiere , *in-12*
avec 3 planches.   2 liv. 10 f.

MATHÉMATIQUE.

Abrégé du Cours de Mathématique de M. Chrétien Wolf ,

contenant l'arithmétique , l'algebre , la géométrie , la trigonométrie , la méchanique , l'hydroſtatique , l'airométrie , l'hydraulique , l'optique , la catoptrique , la dioptri-
que , la perſpective , la géographie , la chronologie, la gno-
monique , l'aſtronomie , la navigation, la fortification, l'attaque & la défenſe des Places , l'artillerie, les feux d'artifice,
& l'architecture. En 3 vol. *in-8°.* enrichis de 69 planches ,
ſous preſſe ,   18 liv.

Nouveau cours de Mathématique de M. Belidor. *V.* page 5.

Nouveau cours de Mathématique, contenant les Elémens du
Calcul numérique & algébrique , & les Elémens de Géométrie , à l'uſage de MM. les Cadets Gentilshommes de Sa
Majeſté le Roi de Pologne. Par M. l'Abbé Plaid , en deux
vol. *in-8°.* avec 20 planches ,   12 liv.

Le Guide des jeunes Mathématiciens , ou Abrégé des Mathématiques, mis à la portée des commençans : où l'on traite
de l'Arithmétique , de l'Algebre , des Elémens de Géométrie , des Sections coniques , de l'Arithmétique des infinis , &c. avec de nouvelles méthodes pour la pratique du
Jaugeage. Traduit de l'Anglois de Jean Ward , par le R. P.
Pezenas, *in-8°.* avec 16 planches , 1756 ,   7 liv. 10 ſ.

Dictionnaire Univerſel de Mathématique & de Phyſique ,
où l'on traite de l'origine & du progrès de ces ſciences ,
avec l'expoſition de leurs principes , l'explication de tous
les termes qui y ont rapport, &c. tiré des Dictionnaires de
Mathématique d'Ozanam, de Wolf, de Stone, &c. Par
M. Savérien , en deux volumes *in-4°.* enrichis de 100
planches ,   36 liv.

Application de la Géométrie, & des calculs différentiel & in-
gral à la réſolution de pluſieurs problêmes. Ouvrage pré-
cédé de l'hiſtoire de ces calculs. Par M. Robillard le fils ,
in-4°. avec 30 planches ,   12 liv.

Recueil des Pieces qui ont remporté le prix de l'Académie
Royale des Sciences depuis leur fondation en 1720, juſ-
ques y compris l'année 1747 ; avec les Pieces qui y ont
concouru. En ſix volumes *in-4°.* avec fig.

Traité Analytique des ſections coniques , fluxions & fluentes ,
avec un Traité des quadratures , & un eſſai ſur le mouvement, par M. Muller ; traduit de l'anglois par l'Auteur ;
in-4°. avec 18 planches ,   15 liv.

Elémens d'Algebre , traduit de l'Anglois de Maclaurin ; par
M. le Cozic , Profeſſeur de Mathématique aux Ecoles de
la Fere : *in-4°.* avec 13 planches ,   12 liv.

Elémens de la méthode des fluxions de Maclaurin , traduit
de l'Anglois par le Pere Pezenas, en 2 vol. *in-4°.* avec

30 planches ;   24 liv.

Abrégé du Calcul intégral, ou Méthode inverse des Fluxions , où l'on explique les moyens de découvrir les inté-
   grales par les quadratures, à l'usage du College Royal ,
   in-8°. avec figures, broché, 1765 ,   3 liv.

Traité des Courbes algébriques , où l'on explique avec net-
   teté les principales affections des courbes de cette espece,
   considérées en général, *in-12.* avec 12 pl. 1756,   3 liv.

Histoire des recherches sur la Quadrature du Cercle ; avec
   une Addition concernant les Problêmes de la duplication
   du cube, & de la trifection de l'angle. Par M. Montucla ,
   in-12. avec 8 planches, 1754,   3 liv.

Histoire générale des Mathématiques, où l'on rend compte
   de leur progrès depuis leur origine jusqu'à présent , où l'on
   développe les principales découvertes qui y ont été faites,
   & où l'on rapporte les principaux traits de la vie des Mathématiciens les plus célebres. Par le même Auteur , en
   deux volumes *in-4°*. avec 15 planches, 1758,   10 liv.

Usages de l'Analyse de Descartes, pour découvrir , sans le
   secours du calcul différentiel, les propriétés des lignes géométriques, &c. Par M. l'Abbé de Gua, *in-12.* avec 4 planches,   3 liv.

Introduction à l'analyse des lignes courbes algébriques. Par
   M. Cramer, *in-4°*. avec 33 planches,   18 liv.

Arithmétique.

L'Arithmétique de l'Officier , contenant les principales opérations de cette science, tant sur les entiers que sur les
   fractions, démontrées & appliquées aux différens besoins
   de l'Homme de Guerre, Ingénieur, Arpenteur, &c. Par
   M. Le Blond. *In-8°. broché*, nouv. édit. augment. 4 liv.

Traité d'Arithmétique théori-pratique dans sa plus grande
   perfection. Par M. Parent, *in-8°*.

L'Arithmétique pratique & raisonnée. Par le Sieur Irson,
   in-4°.

Maniere de tenir les Livres de compte à parties doubles, par
   débit & crédit, par recette, dépense & reprise. Par le Sieur
   Irson , *in-folio*.

Algebre.

Elémens d'Algebre de Maclaurin , traduits par M. le Cozic.
   in-4°. avec 13 planches,   12 liv,

Elémens d'Algebre de M. Saunderson , traduits de l'Anglois,
   & augmentés de remarques par M. de Joncourt. En deux
   volumes *in-4°*. reliés en un 17 liv. reliés en deux 20 liv.

Elémens de Mathématique. Par le Pere Lamy. *Voyez* p. 11.

Des communes mesures & des quantités littérales ; Ouvrage pour perfectionner l'algebre. Par M. Taneguy le Febvre, *in-8°*.   5 liv.

Application de l'Algebre à la Géométrie, par M. Guisnée, *in-quarto*.

Géométrie.

Géométrie élémentaire & pratique de feu M. Sauveur, de l'Académie royale des Sciences, revue, corrigée & augmentée par M. le Blond, Maître de Mathématique des Enfans de France, *in-4°*. avec 57 planches, 1753, 15 liv.

Les élémens de Géométrie. Par le P. Lamy. *Voyez* page 11.

Leçons élémentaires de calcul & de géométrie, pour servir d'introduction à un Cours de Physique. Par M. l'Abbé Torné, *in-12*. avec fig. *sous presse.*

Traité de Géométrie théorique & pratique, à l'usage des Artistes, par Sebastien Le Clerc, *in-8°*. avec 57 planc. Nouv. édit. augmentée des planches originales, 1764,   8 liv.

Pratique de la Géométrie sur le papier & sur le terrein. Par le même, *in-12*. avec 80 planches,   3 liv. 10 s.

Traité de Géométrie théori-pratique, démontré dans un ordre nouveau. Par M. Parent, *in-8°*. avec 14 pl.   7 liv.

Nouveau Traité du Nivellement par M. le Fevre, Capitaine-Ingénieur au service de Prusse, *in-4°*. avec 7 plan. broché, nouv. édit.   3 liv. 10 s.

La Géométrie de l'Arpenteur, ou la pratique de la Géométrie pour tout ce qui a rapport à l'arpentage, aux plans & aux cartes géographiques. Avec une Introduction à la renovation des Terriers, & une Table Diplomatique. Par M. Doyen, Arpenteur à Chartres, *in-8°*. avec 15 planches, 1769.   7 liv. 10 s.

Méchanique.

Traité élémentaire de méchanique & de dynamique, appliqué principalement aux mouvemens des machines. Par M. l'Abbé Bossut. *In-8°*. avec figures.   6 liv. 10 s.

La nouvelle Méchanique ou Statique, par M. Varignon. En deux volumes *in-4°*. avec 65 planches,   24 liv.

Méchanique générale, &c. Par l'Abbé Deidier. *Voyez* page 6.

Traité du mouvement des eaux & des autres corps fluides. Par M. Mariotte, *in-12*.   3 liv.

Recueil de Machines & d'inventions curieuses, tirées du cabinet de M. Grollier de Serviere ; Ouvrage pour servir de suite aux machines approuvées par l'Académie. Nouvelle édition augmentée, avec plus de 100 planches, *in-4°*. 12 liv.

Traité des forces mouvantes pour la pratique des arts & des

métiers. Par M. de Camus, *in-8°.* avec 8 planches, 7 liv.
Les Echappemens à repos, comparés aux échappemens à recul. Par M. Jodin, *in-12.* avec 3 planches, 2 liv. 10 f.
Principes de la Montre de M. Harisson, enrichis des notes très-curieuses de M. Masklin, Astronome Royal, un de ceux qui ont examiné cet Ouvrage, traduit de l'Anglois par le P. Pezenas, *in-4°.* Fig. 1767.
Théorie de la vis d'Archimede, de laquelle on déduit celle des Moulins, conçus d'une nouvelle maniere, par M. Paucton, *in-12*, avec fig. 1768, broché, 2 liv. 10 f.

Perspective.

Traité de Perspective-pratique, avec des remarques sur l'architecture. Par M. Courtonne, Architecte du Roi, *in-fol.* avec figures, 15 liv.
La Perspective - pratique de l'architecture, contenant une maniere nouvelle, courte & aisée, pour représenter en perspective les ordonnances d'architecture & les Places fortifiées. Par Louis de Bretez, *in-fol.* en 58 planches, 12 liv.
Traité de Perspective à l'usage des Artistes, où l'on démontre géométriquement toutes les pratiques de cette science, selon la méthode de M. le Clerc. Par M. Jeaurat, *in-4°.* enrichi de plus de 100 planches, 15 liv.
Traité de Perspective théorique & pratique. Par M. l'Abbé *Deidier. Voyez* page 6.
Nouveaux principes de la Perspective linéaire. Traduits de l'Anglois du Docteur *Brook Taylor*, & du Latin de M. *Patrice Murdoch ;* avec un Essai sur le mêlange des couleurs, *in-8°.* avec figures. *Amsterdam*, 1757. 6 liv.
Essai d'Optique, &c. *Voyez* page 11.
Cours complet d'Optique, traduit de l'Anglois de *Robert Smith*, contenant la théorie, la pratique & les usages de cette science, avec des additions considérables relatives aux nouvelles découvertes qu'on a faites sur cette matiere. En deux volumes *in-4°.* avec 73 planches ; 1767, 30 liv.
Maniere universelle de M. Desargues pour pratiquer la Perspective par petit pied, comme le géométral. Par Abr. Bosse. *In-8°.* avec 156 planches.
Moyen universel de pratiquer la perspective sur les tableaux ou surfaces irrégulieres. Par Abraham Bosse. *In-8°.* avec 32 planches.
Leçons de géométrie & de perspective enseignées dans l'Académie Royale de Peinture & Sculpture, par Abraham Bosse ; *in-8°.* avec 67 planches.

Gnomonique.

Horlogiographie, contenant diverſes manieres de faire les Cadrans ſolaires, &c. Par le Pere de la Magdelaine, *in-8°.* avec figures. *Paris,* 6 liv.

La maniere univerſelle de M. Deſargues pour poſer l'eſſieu & placer les heures & autres choſes, aux Cadrans au ſoleil. Par Abraham Boſſe, *in-8°.* avec 28 planches.

Aſtronomie.

La Figure de la Terre, &c. Par M. Bouguer. *Voyez* page 11.

Aſtronomie-Phyſique, ou principes généraux de la nature, appliqués au méchaniſme aſtronomique. Par M. de Gamaches, de l'Académie des Sciences, *in-4°.* avec 22 pl. 15 liv.

Hiſtoire générale & particuliere de l'Aſtronomie, où l'on trouve tout ce qui a été découvert dans cette ſcience depuis ſon origine juſqu'à préſent. En 3 vol. *in-12,* 1755. 9 liv.

Davidis Gregori Aſtronomiæ Phyſica & Geometrica elementa. En 2 vol. *in-4°.* avec 48 planches. *Geneva,* 24 liv.

Entretiens ſur l'inclinaiſon des Planetes. Par M. Bouguer. *Voyez* page 11.

Nouvelles penſées ſur le Syſtême de Deſcartes. Par M. Jean Bernoulli, *in-4. broché,* 1 liv. 16 ſ

Géographie.

La Géographie rendue aiſée, ou Traité méthodique pour apprendre la Géographie, rangé dans un ordre nouveau, propre à faciliter l'étude de cette ſcience ; avec un abregé de la Sphere. Par M. Leris, *in-8°.* 1753. 6 liv.

Atlas portatif univerſel, compoſé d'après les meilleures cartes, tant gravées que manuſcrites, des plus célebres Géographes & Ingénieurs. Par M. Robert, Géographe du Roi ; *in-4°.* long, en 210 planches. *Paris.* 24 liv.

Navigation.

Voyage & Obſervations aſtronomiques, faits par ordre du Roi en 1768, dans l'Iſle Saint Pierre, & ſur les côtes d'Afrique, pour éprouver les montres marines de M. le Roy, relativement à la détermination des longitudes. Par M. Caſſini le fils, de l'Académie des Sciences, *in-4°.* avec fig. 12 liv.

Traité du Navire. Par M. Bouguer. *Voyez* page 11.

Elémens de l'Architecture navale, ou Traité pratique de la conſtruction des vaiſſeaux. Par M. Duhamel du Monceau, Inſpecteur général de la Marine, &c. *in-4°.* avec 24 pl. Nouv. édit. augmentée, 16 liv.

Petit Dictionnaire historique, théorique & pratique, de Marine, où l'on traite de la Marine ancienne & moderne, & où l'on donne l'explication de tous les termes de cet Arts avec les méthodes des plus habiles Marins, soit pour la construction des vaisseaux, soit pour leurs différentes manœuvres & évolutions navales. Par M. Saverien, en deux volumes *in-8°*. avec 4 planches, 1758.   9 liv.

La Théorie de la manœuvre des vaisseaux, réduite en pratique. Par M. Pitot, de l'Académie des Sciences, *in-4°*. avec 8 planches,   12 liv.

L'Art de mesurer sur mer le sillage du vaisseau, avec une idée de l'état d'armement des vaisseaux de France. Par M. Saverien, *in-8°*. avec 4 planches,   6 liv.

Méthode pour réduire les routes de navigation par les Tables de Loxodromie. Par M. le Mare, Professeur d'Hydrographie, *in-8°*.   6 liv.

Méthode d'observer exactement sur mer la hauteur des astres. Par M. Bouguer. Brochure *in-4°*. avec fig.   2 liv. 5 f.

De la maniere d'observer en mer la déclinaison de la boussole. Par M. Bouguer. Brochure *in-4°*. avec fig.   2 liv. 5 f.

Voyage autour du monde, fait dans les années 1740, 41, 42, 43 & 1744, par Georges Anson, Chef d'une Escadre envoyée par S. M. Britannique dans la Mer du Sud. Avec le Supplément. Ouvrage très-utile pour les Marins ; traduit de l'anglois, & enrichi de cartes maritimes & de figures, *in-4°*. *Amsterdam*, 2 vol. reliés en un,   18 liv.

Le même Ouvrage en quatre volumes, *in-12*. avec figures Nouvelle édition. 1764.   12 liv.

Voyage historique de l'Amérique méridionale, fait par ordre de S. M. Catholique, par Don George Juan & Don Antonio de Ulloa ; avec les observations astronomiques faites pour déterminer la figure de la terre, & une histoire des Yncas du Perou. En deux volumes *in-4°*. remplis de figures. *Amsterdam*, 1752.   33 liv.

Observations critiques & politiques, sur le Commerce maritime ; dans lesquelles on discute quelques points relatifs à l'industrie & au Commerce des Colonies Françoises. Brochure *in-12*.   1 liv. 4 sols

Acte du Parlement d'Angleterre, connu sous le nom d'Acte de Navigation, passé en 1660 ; traduit littéralement de l'Anglois, avec des notes, brochure *in-12*.   15 sols.

Physique.

Œuvres de Physique de M. Mariotte, en 2 vol. *in*-4°. Là
Haye.

Nouveau Cours de Physique expérimentale; traduit de l'Anglois du Docteur Defaguliers, par le P. Pezenas. En deux
volumes *in*-4°. avec 78 planches,　　　　　　　　30 liv.

Elémens de Physique-Mathématique, ou Introduction à la
philosophie de Newton, par M. s'Gravesande ; traduit du
latin, par M. Roland de Virloys. En deux volumes *in*-8°.
avec 50 planches,　　　　　　　　　　　　　　14 liv.

——Le même, en deux volumes *in*-4°. *Leyde.*

Le Microscope rendu d'un usage facile, & mis à la portée de
tout le monde. Ouvrage traduit de l'anglois de Henri Bac-
ker, *in*-8°. avec 14 planches, 1754.　　　　　　6 liv.

Observations curieuses sur toutes les parties de la Physique,
extraites & recueillies des meilleurs Mémoires & Jour-
naux, & des Voyageurs les plus célébres, en 4 vol. *in*-12,
nouv. édit. augmentée d'un volume, 1771.　　　12 liv.
Le tome IV se vend séparément pour la commodité des
personnes qui ont les trois premiers volumes de cet ouvrage : les tomes V & VI seront bientôt sous presse.

Lettres sur la Cosmographie. Par M. l'Abbé de Brancas, *in*-
4°. *Avignon.* Broché,　　　　　　　　　　　7 liv.

Systême moderne de Cosmographie & de Physique. Par M.
l'Abbé de Brancas, *in*-4°. broché,　　　　　4 liv. 10 f.

Nouvelle explication du flux & reflux de la mer, suivant le
systême moderne de physique. Par M. l'Abbé de Brancas,
in-4°.　　　　　　　　　　　　　　　　　12 liv.

Observations mathématiques, astronomiques & géographiques, faites à la Chine par le R. P. Souciet, Jésuite. En
trois volumes *in*-4°.

Traité des petits Tourbillons de la matiere subtile, pour servir
d'introduction à une nouvelle Physique. Par le P. Maziere,
in-4°. Broché,　　　　　　　　　　　　1 liv 16 f.

Principes du Systême des petits Tourbillons, appliqués aux
phénomenes les plus généraux, avec une Differtation de
l'Abbé de Moliere sur les forces centrifuges. Par M. l'Abbé
de Launay, *in*-12. 1745.　　　　　　　　2 liv. 10 f.

Discours sur les loix de la communication du mouvement.
Par M. Jean Bernoulli. Broch. *in*-4°. avec fig. 1726.　3 liv.

Nouveau Systême du mouvement. Par M. de Gamaches,
in-12.　　　　　　　　　　　　　　　　3 liv.

De causa gravitatis physica generali, Auctore Bulfinger, in-4°.
fig. 1728.　　　　　　　　　　　　　1 liv. 16 f.

Essai philosophique sur le Méchanisme de l'Univers, par M.
de Lansac, *in*-12, 1771, broché,　　　　　2 liv.

Philosophie.

Elémens de la Philosophie Newtonienne, où l'on traite du mouvement des corps en général, de leur force & de leur résistance ; du système du monde, & du mouvement des planetes ; des couleurs & de la lumiere ; des verres optiques, télescopes, microscopes, &c. Par le Docteur Pemberton : traduit de l'anglois, *in*-8°. avec figures. *Amsterdam*, 1755.   7 liv. 10 f.

Essai Philosophique sur l'entendement humain ; par M. Leibnitz. *Amsterdam*, 1765.   14 liv.

Essai sur l'entendement humain. Par M. Locke, *in*-4°. *Amst.*

Elémens de la Philosophie moderne, qui contiennent la pneumatique, la métaphysique, la physique expérimentale, & le système du monde, suivant les nouvelles découvertes. Par M. Massuet. En 2 vol. *in*-12. *Amst.* 1752.   7 liv.

De la Science qui est en Dieu. Ouvrage métaphysique ; avec une Lettre & une Dissertation de M. de Croufaz, *in*-12.   2 liv. 10 f.

Ciceron, de la Nature des Dieux ; traduit par M. l'Abbé le Masson, latin & françois. En trois volumes *in*-12.

Discours philosophiques de Maxime de Tyr, traduits du grec, par M. Formey, *in* 12, 1764, *Leyde.*   3 liv. 10 f.

Lettres au Prince Royal de Suede. Par M. le Comte de Teslin, Ministre d'Etat, & Gouverneur de ce jeune Prince ; traduites du Suédois. En deux vol. *in*-12.   5 liv.

Traité des Sensations, où l'on prouve que toutes nos connoissances & toutes nos facultés viennent des sens. Par M. l'Abbé de Condillac, en 2 vol. *in*-12, 1754.   5 liv.

Traité des animaux, où l'on entreprend d'expliquer leurs principales facultés, avec des observations critiques sur le sentiment de Descartes, & sur celui de M. de Buffon. Par le même Auteur, *in*-12, 1766.   2 liv. 10 f.

Traité des Systêmes, où l'on en dêmêle les inconvéniens & les avantages, par le même Auteur, *in*-12, *Amst.* 1771. 3 l.

Médecine, Anatomie & Histoire Naturelle.

Les Clefs de la Philosophie Spagirique. Par M. le Breton, *in*-16.   2 liv.

Principes de Physique rapportés à la Médecine pratique, avec le Traité des métaux & des minéraux, & des remedes qu'on en peut tirer. Par M. Chambon, Médecin du Roi de Pologne. En deux volumes *in*-12. Nouvelle édition,   6 liv.

Pratiques & Observations de Médecine, par Lazare Riviere, 3 vol. *in*-8°.

Œuvres anatomiques de M. Duverney, de l'Académie Royale des Sciences, 2 vol. *in*-4°. avec 30 planch. 30 liv.

Traité des Abeilles, où l'on voit la maniere de les élever, de
les gouverner & de les conserver, pour en tirer du profit,
*in-*16.   1 liv. 10 f.

Le Gentilhomme Maréchal, où l'on a rassemblé tout ce que
les Auteurs les plus renommés ont écrit de plus utile pour
la conservation des chevaux : on y traite fort au long de
la maniere de les châtrer, & d'une nouvelle machine in-
ventée en Angleterre, pour leur couper la queue, &c. tiré
de l'Anglois de Jean Bartlet, Chirurgien. Avec la suite du
même Ouvrage, & un Dictionnaire des termes de maré-
challerie & de manege. En deux vol. *in-*12, avec fig. 6 liv.

Dictionnaires.

Dictionnaire des Arts & des Sciences, connu sous le nom de
Dictionnaire de l'Académie. En 2 vol. *in-folio*,   40 liv.

Dictionnaire universel des sciences Ecclésiastiques, contenant
l'histoire générale de la religion, de son établissement &
de ses dogmes ; de la discipline de l'Eglise, de ses Rits,
de ses Cérémonies, & de ses Sacremens. La Théologie
dogmatique & morale, spéculative & pratique, avec la
décision des cas de conscience. Le Droit Canonique, sa
jurisprudence & ses loix, la jurisdiction volontaire & con-
tentieuse, & les matieres bénéficiales. L'histoire des Pa-
triarches, des Prophetes, des Rois, des Saints, &c. avec
des Sermons abrégés des plus célebres Orateurs chrétiens,
tant sur la morale que sur les mysteres & les panégyriques
des Saints. Par le R. P. Richard : Avec un Supplément ;
en six vol. *in-folio*,   168 liv.

——— Le Supplément, ou tome sixieme, se vend séparément   28 liv.

Dictionnaire universel de Mathématique & de Physique, &c.
Voyez page 12.

Dictionnaire portatif de l'Ingénieur. *Voyez* à la page 5.

Novitius, ou Dictionnaire universel latin-françois. En deux
vol. *in-*4°. grand papier, nouv. edit. augmentée,   18 liv.

Dictionnaire portatif des Théatres, contenant l'origine &
l'histoire des différens Théatres de Paris, avec l'exposé de
toutes les pieces représentées ou imprimées ; le nom & la
vie des Auteurs, Acteurs, &c. *in-*8°. 1763. Nouvelle édit.
considérablement augmentée.   6 liv.

Dictionnaire Espagnol & François, traduit de l'Espagnol,
composé d'après le grand Dictionnaire de l'Académie de
Madrid ; par M. de Séjournant, Interprete du Roi. En deux
volumes *in-*4°.   33 liv.

Dictionnaire Anglois & François. Par *Boyer*, en 2 vol. *in-*4°.

Icut Dictionnaire portatif de la Marine. *Voyez* page 17.

Dictionnaire hiftorique & critique. Par *Bayle*. En 4 volumes in-folio. *Amſterdam*.

Dictionnaire de la langue françoiſe. Par Pierre Richelet. En 3 vol. *in-folio*, *Lyon*.

Dictionnaire du Manege, *in-4°*.

Dictionnaire abrégé de Phyſique. Par Paulian, *in-8°*.

Arts & Sciences.

L'Art de tourner en perfection, ou de faire toutes fortes d'Ouvrages au Tour. Par le R. P. Plumier, Minime. Nouvelle édit. augmentée, *in-fol.* avec 80 planch. 1749, 27 l.

L'Art de la Verrerie, où l'on apprend à préparer le verre, le cryſtal, l'émail, à contrefaire les pierres précieuſes, &c, derniere édition augmentée. Par Haudicquer de Blancourt. En deux volumes *in-12.* avec 8 planches. *Sous preſſe.*

Le Teinturier parfait, deux vol. *in-12.*

Le nouveau Teinturier parfait, pour ſervir de Supplément à l'ancien, en 2 vol. *in-12.*

Le Verniſſeur parfait, ou manuel du Verniſſeur, *in-12. Sous preſſe,*

L'Art de faire l'Indienne à la maniere d'Angleterre, & de compoſer toutes fortes de couleurs liquides, tant pour la miniature, que pour peindre ſur les étoffes, &c. par M. de Lormois, *in-12*, broché.   1 liv. 16 ſ.

Méthode pour laver & fondre avec économie les mines de fer, relativement à leurs différentes eſpeces. Par M. Robert. *Brochure in-12.* avec fig. 1757.   1 liv. 4 ſ.

L'Art de la Cavalerie, ou la maniere de devenir bon Ecuyer, & de dreſſer les chevaux pour le manege, la guerre, la chaſſe, l'attelage, &c, avec des remarques curieuſes ſur les harras, l'explication des pieces qui compoſent l'équipage d'un cheval, &c. Par M. Gaſpard de Saunier, *in-fol.* enrichi de beaucoup de figures. *La Haye*, 1756.   20 liv.

L'Anti-maquignonage, pour n'être point trompé dans l'achat des chevaux. Par le Baron d'Eyſemberg, *in-4°.* oblong.

Méthode pour apprendre le Blaſon : par le Pere *Meneſtrier*, *in-12. Lyon.*

Traité hiftorique & moral du blaſon. Ouvrage rempli de recherches curieuſes & inſtructives ſur l'origine & les progrès de cet Art. En deux volumes *in-12.*   5 liv.

Regles de la Poéſie françoiſe. Par M. de Chalons, *in-8°.*   2 liv. 10 ſ.

Traité du Jaugeage, réduit à une méthode courte & facile & à des principes géométriques, *in-12.* avec 2 planc.   2 liv.

Recueil de Chanſons du vénérable ordre de la M... nouv. édit. augmentée de pluſieurs Chanſons ſur des airs de *Noels.*

Par le Fr. *Timebor*, avec les airs notés : le tout en 96 planches gravées, *in-12.*   3 liv. 12 f.

Art du Deſſein, Peinture, &c.

Méthode pour apprendre le Deſſein, où l'on donne des regles générales pour s'y perfectionner, & les proportions du corps humain, d'après les Antiques ; le tout accompagné de quantité d'études & de figures académiques, deſſinées d'après nature par M. Cochin, & autres Maîtres, *in-4°.* grand papier, enrichi de cent planches. Nouvelle édition, 1756.   18 livſ

Voyage d'Italie, ou Recueil de notes ſur les morceaux d'Architecture, & ſur les ouvrages de Peinture & de Sculpture, qu'on voit dans les principales villes d'Italie. Par M. Cochin, Secretaire de l'Académie royale de Peinture & de Sculpture, &c. En trois volumes *in-8°.*   9 liv.

Recueil de quelques Pieces concernant les Arts, & particulierement ſur l'Architecture, la Peinture & la Sculpture ; avec une Diſſertation ſur l'effet de la lumiere dans les ombres, relativement à la Peinture. Par M. Cochin, *in-12.* 1757.   2 liv. 10 f.

Obſervations ſur les antiquités d'*Herculanum*, avec une Diſſertation ſur les morceaux de Peinture & de Sculpture trouvés dans cette Ville ſouterreine, & la Deſcription de quelques Antiquités qui ſe voyent aux environs de Naples. Par MM. Cochin & Bellicard : ſeconde édition, *in-12.* avec 41 planches,   3 liv. 10 f.

Dictionnaire portatif de Peinture, Sculpture & Gravure, par Don Antoine Joſeph Pernetty, *in.8. Paris,* 1757.

L'Etat des Arts en Angleterre. Par M. Rouquet, Peintre en émail, *in-12.*   3 liv.

Les Myſotechnites aux Enfers, ou Examen critique des Obſervations de M. D. L. G. ſur les Arts, *in-12.* ornée de vignettes allégoriques, 1763, *broché,*   1 liv. 16 f.

Projet d'une Salle de Spectacle pour un théâtre de Comédie, enrichi de 6 pl. gravées avec ſoin, *in-12. broché,* 2 l. 8 f.

Expoſition des principes qu'on doit ſuivre dans la conſtruction des théâtres modernes, brochure *in-12.*   1 liv. 10 f.

Abrégé d'Anatomie à l'uſage des Peintres. Par Tortebat, *in-fol.* avec 10 planc. Nouv. édit. 1765, *broché,*   3 liv. 12 f.

Œuvres diverſes de M. de Piles ſur la Peinture, en cinq volumes *in-12.* contenant les Traités ſuivans :

1°. Cours de Peinture par principes. Par M. de Piles, *in-12.* avec fig. *Amſterdam,* 1766,   3 liv. 10 f.

2°. Abrégé de la vie des Peintres anciens & modernes ; par M. de Piles, *in-12. Amſterdam,* 1766,   3 liv. 10 f.

3°. Elémens de Peinture pratique, par M. de Piles. Nouv.
édit. augmentée, *in-12.* 1766,   3 liv. 10 f.

4°. L'Art de Peinture. Par Alphonse du Frenoy. Traduit &
augmenté de remarques. Par M. de Piles, *in-12.* Nouv.
édit. augmentée d'un Dictionnaire des termes,   3 liv.

5°. Recueil de divers ouvrages de M. de Piles ; contenant ses
Conversations sur la Peinture, ses Dissertations sur les
Ouvrages des plus fameux Peintres, & le Dialogue sur le
coloris, &c. *in-12.* nouv. édit. 1755.   3 liv.

Le Peintre converti aux précises & universelles regles de
son art ; par Abraham Bosse, *in-* 8°.

Les Regles du Dessein & du Lavis pour les plans, profils &
élevations de l'Architecture militaire & civile, & pour les
Cartes des environs d'une Place. Par M. Buchotte, Ingénieur du Roi. Nouvelle édition, augmentée, *in-8°.* avec
24 planches,   6 liv.

La Science des Ombres par rapport au Dessein. Avec le Des-
sinateur au cabinet & à l'armée. Par M. Dupain, l'aîné,
in-8°. avec 18 planches.   6 liv.

Art de lever les Plans de tout ce qui a rapport à la Guerre &
à l'Architecture civile & champêtre. Par le même Auteur,
in-8°. avec 5 grandes planches,   6 liv.

Traité de la maniere de graver à l'eau forte & au burin, & de
la gravure en maniere noire, avec la façon de construire les
presses & d'imprimer les planches en taille douce. Nouv.
édition, augmentée, *in-8°.* avec 21 planches, 7 liv. 10 f.

Recueil des Pierres gravées du Cabinet du Roi, dessinées par
Edme Bouchardon, & gravées par les plus habiles Maîtres ; avec un Traité de la gravure en pierres fines. Par M.
Pierre-Jean Mariette. En 2 vol. *in-fol.* Paris, avec 250
planches,   80 liv.

Recueil de Charges ou de Têtes de caractere, dessinées par
Léonard de Vinci, *in-4°.* avec plus de 60 planches. Nouvelle édition, 1767,   15 liv.

Recueil d'Emblêmes, Devises, Médailles & Chiffres pour
tous les noms imaginables. Par Verrien, *in-8°.* avec 24
planches,   6 liv.

Recueil d'Estampes représentant les tourmens qu'on faisoit
souffrir aux premiers Chrétiens durant les persécutions. En
quarante-cinq planches gravées par Antoine Tempeste,
in-4°. Broché,   3 liv.

Les Comédies de Térence ; traduction nouvelle avec le latin
à côté, & des notes historiques, critiques & grammatica-
les, corrigées à l'usage des Colléges, par M. l'Abbé le
Monnier, 3 vol. petit *in-8.* reliés en basanne 9 liv. 12 f.

━━Les mêmes, trés-belle édition complette, ornée de fept eftampes gravées d'après les deſſeins de M. Cochin, 3 vol. *in* 8. papier double, 1771. Broché, 24 liv.

━━Le même auteur travaille actuellement à une traduction de Perſe, & autres Auteurs latins.

L'Alcoran de Mahomet, traduit par du Ryer, nouv. édit. augmentée d'obſervations traduites de l'Anglois, 2 vol. *in*-12, 1767. 6 liv.

LIVRES D'ASSORTIMENT.

Le Bombardier François, par M. de Belidor, *in*-4. Fig.

━━Abrégé du même Ouvrage, *in*-12.

Nouveaux Plans de fortification, par Landsberghen, *in-fol.*

Hiſtoire Militaire du Prince Eugene de Savoye. En 3 vol. *in-fol.* grand papier. Avec de très-belles eſtampes.

━━Le même, en 5 vol. *in*-12.

Œuvres de mathématique du P. Pardies, *in*-12. 3 parties.

Abrégé des élémens de mathématique, par Rivard, *in*-8°.

La Science du Calcul, du Pere Reyneau, *in*-4. 2 vol.

Analiſe démontrée; par le même. En 2 vol. *in*-4.

Chriſtiani Wolfii Matheſeos univerſa elementa. En 5 vol. *in*-4. Geneve.

━━━*Matheſeos compendium.* En 2 vol. in-8.

Joannis Bernoulli opera omnia, *in*-4. 4 vol. Geneve.

━━*Commercium epiſtolicum.* En 2 vol. *in*-4.

Jacobi Bernoulli opera omnia. En 2 vol. in-4.

Chriſtiani Hugenii opera varia, *in*-4. 2 vol. *Leyde.*

━━*Ejuſdem opera reliqua & poſthuma*, En 2 vol. *in*-4. *Amſt.*

Euleri analyſis infinitorum. En 2 vol *in*-4.

━━*Methodus inveniendi lineas tertii ordinis.* in-4.

Traité analytique des ſections coniques. Par le Marquis de l'Hopital, *in*-4.

Traité des ſections coniques; par Gallimard, *in*-8.

Traité d'Arithmétique. Par le Gendre, *in*-12.

Elémens de Géométrie; par Clairaut, *in*-8.

Traité de Trigonométrie; par Audierne, *in*-8.

Tarif des bois quarrés, *in*-12.

Elémens d'algebre; par Clairaut, *in*-8.

Davidis Bernoulli hydrodynamica, *in*-4. *Strasbourg.*

Effets de la force & de la contiguité des corps; par le Pere Cherubin d'Orléans, *in*-12.

Traité du point de vue; par Seb. Leclerc, *in*-12.

Petit Atlas portatif, *in*-4. long. *Amſterdam.*

Tables Aſtronomiques; par M. de la Hire, *in*-4. *Paris.*

Astronomie nautique de M. de Maupertuis, *in-8*.

Essais de Physique ; par Musschenbroeck. En 2 vol. *in-4*. *Leyde*.

Compendium physices experimentalis ; par le même , *in-8*.

Expériences de physique ; par Poliniere, *in-12*. 2 vol.

Le spectacle du feu ; par Rabiqueau , *in-8*. *Paris*.

Traité de la lumiere ; par M. Huyghens, *in-4*.

Voyage au monde de Descartes ; par le Pere Daniel, *in-12*. 2 vol.

Institutions philosophiques ; par Leibnitz , *in-4*.

Recueil de pieces sur les différends entre MM. Leibnitz, Newton , &c. *in-12*. 2 vol.

Introduction à la Philosophie ; par s'Gravesande, *in-8*.

Psicologie ou Traité de l'ame , par Wolf, *in-12*.

Cours abrégé de la Philosophie Wolfienne. En 3 vol. *in-12*.

Isaaci Newton, Philosophiæ naturalis principia mathematica. Par le Seur & Jacquier. En 3 vol. *in-4*. *Geneve*.

Isaaci Newton opuscula mathematica & philosophica. En 3 vol. *in-4*.

Œuvres philosophiques de M. de Maupertuis. En 2 vol. *in-12*.

Discours philosophiques de M. Formey , *in-8*.

Logique. Par M. Crousaz. En 6 vol. *in-12*.

Appel au Public. Par M. Kœnig , *in-8*. *Leyde*.

Tableau des maladies de Lommius, traduit par M. le Breton, *in-12*.

Friderici Hofmanni consultationes & responsa medicinalia ; *in-4*. 2 vol. *Leipsick*.

Vaillant Botanicon Parisiense , in-folio. *Leyde*.

Marci Mappi historia plantarum Alsaticarum , in-4. Strasb.

Muntingii Phitographia curiosa , in-folio. Amsterdam.

La parfaite connoissance des chevaux. Par Saulnier , *in-folio*.

Recherches sur le Briquetage de Marsal , *in-8*.

Recueil d'Auteurs classiques latins. En 20 vol. *in-24*. *Lond*.

P. Virgilii Maronis opera, auctore Minellio, in-12. *Wetsteins*.

Q. Horatii flacci carminum , auct. Minellio, in-12. *Wetsteins*.

Le Postulant de la langue latine , *in-8*.

Bibliotheque raisonnée des Sçavans de l'Europe. En 50 vol. *in-8*. *Wetsteins*.

Science des personnes de Cour & d'Épée. En 18 vol. *in-12*. *Amsterdam*.

Le Spectateur Anglois. En 6 vol. *in-12*. *Amsterdam*.

Œuvres de Pope, en Anglois, & en François. En 6 vol. *in-12*.

Lettres choisies de M. Tissot de Patot, *in-12*. 2 vol. *La Haye*.

Lettres & négociations de M. le Marquis de Feuquieres. En 3 vol. *in-12*. *Paris*.

Les Loix naturelles. Par Cumberland. En 2 vol. *in-4.*

Traité du Droit public. Par M. l'Abbé de Mably. En 3 vol. *in-12.*

Traité du Droit des Evêques sur les réguliers, *in-12.*

Instructions pour dresser les procédures des procès civils, conformément à l'Ordonnance. Par Ricart, *in-12.*

L'Espion Turc dans les principales Cours de l'Europe. En 7 vol. *in-12.*

Histoire universelle par une société de Gens de Lettres. Complette. En 32 vol. *in-4°. Amsterdam.*

Abrégé de l'Histoire Universelle. Par M. de Voltaire. En 8 volumes *in-8. Amsterdam.*

Abrégé chronologique de l'Histoire d'Angleterre, traduit de l'Anglois de M. Salmon. En 2 vol. *in-8.*

Histoire des révolutions de Perse. Par M. de Clairac. En 3 vol. *in 12. Paris.*

Histoire du regne de Louis XIV. Par M. Reboullé. En 3 vol. *in-4. Avignon.*

Histoire de Charles XII, Roi de Suede. Par Norbert. En 4 vol. *in-4 & in-12.*

Histoire de Gustave Adolphe. En 4 vol. *in-12.*

Histoire d'Erasme, avec la Critique de son Apologie, *in-12.*

La vie du Vénérable Frere Fiacre, Augustin Déchaussé, *in-12.*

Histoire du Calendrier Romain. Par Blondel, *in-4.*

Histoire de la Fr. maçonnerie. En 2 vol. *in-12. On vend les chansons à part, avec les airs notés.*

Voyage d'Italie. Par Misson, en 3 vol. *in-12.* avec figures.

Galerie agréable du monde, mise au jour par Vander Aa. En 66 vol. *in-folio.* Amsterdam.

Les Loix des Bâtimens suivant la Coutume de Paris, par M. Desgodets. Mis au jour par M. Goupy, *in-8. Paris,* 1768.

Toisé général du bâtiment d'après M. Desgodets. Par M. Ginet, *in-8. Paris.*

Architecture pratique. Par M. Bullet. Derniere édition, augmentée considérablement, *in 8. Paris,* 1768.

Dictionnaire de Marine. *In-4°.* avec beaucoup de fig. *Amst.*

Commentaires de Matthiole sur Dioscoride, *In-folio.* Lyon.

www.ingramcontent.com/pod-product-compliance
Lightning Source LLC
LaVergne TN
LVHW020631180726
843502LV00006B/1980